U0114246

· 阿桂作品 ·

超级冷漫画 3

疯了！桂宝

冰爽卷

吉林出版集团
北方妇女儿童出版社

爆 笑 疯 桂 宝 之 第 三 季

图书在版编目（CIP）数据

疯了！桂宝. 冰爽卷 / 阿桂绘. —长春：北方妇女
儿童出版社，2011.7
ISBN 978-7-5385-5035-1

Ⅰ.①疯… Ⅱ.①阿… Ⅲ.①漫画－作品集－中国－
现代 Ⅳ.①J228.2

中国版本图书馆CIP数据核字(2011)第135017号

疯了！桂宝. 冰爽卷

作　　者	阿　桂
出 版 人	李文学
责任编辑	张晓峰
封面设计	阿　桂
开　　本	787mm×1092mm　1/16
印　　张	14
版　　次	2011年8月第1版
印　　次	2011年8月第1次印刷
出　　版	吉林出版集团
	北方妇女儿童出版社
发　　行	北方妇女儿童出版社
地　　址	长春市人民大街4646号（130021）
电　　话	总编办：0431-85644803
	发行科：0431-85640624
网　　址	http://www.bfes.cn
印　　刷	小森印刷（北京）有限公司

ISBN 978-7-5385-5035-1　　　　定　价：32.80元

目录
CONTENTS

疯了!桂宝
目录
CONTENTS

演员表
YANYUANBIAO

疯了!桂宝

桂

阿桂哥自从来到地球以后,就开始没完没了地胡思乱想,想着想着还不过瘾,便开始了长期的非常有使命感的乱涂乱画。从小时候家里的白墙,一直乱画到了今天的电脑屏幕,可谓是坚持不懈、矢志不渝。画着画着,观众从父母增加到邻居,到同学,进而到今天数以千万计的读者,这时,阿桂哥才忽然发现,他好像疯得有点大发了。不过,他的胡思乱想实在很难控制,唯一能让他正常的方式,就是让手里画的小人儿去使劲疯,于是《疯了!桂宝》便隆重地加入到了阿桂哥的乱涂乱画大军中。

小臭贝

陪伴着孤独天才桂宝的可爱小狗，是一条标准的有了吃的，就不再烦心任何事的超级乐观狗。当然它也不知道什么叫乐观，反正是吃嘛嘛香，身体倍儿棒。

阿芹苦苦追求的女朋友，性格难以捉摸，忽冷忽热，是一个典型的爱情虐待狂。

阿芹

基本属于一个正常人，是桂宝的好朋友，常常被桂宝冷到崩溃，已经逐渐开始不正常了。

表情仔

能够用表情回答一切问题的超强表情专家。

任何时代，任何人都可以成为与众不同的天才，而桂宝就是其中最疯、最冷的一个。

桂宝

胖狗狗

友情客串的专业动画演员，是桂宝的师哥，目前在动画片界发展。

完全没有安全感的人，对任何事物都会产生畏惧心理的小可怜。

害怕咚

是世界上唯一一条有思想的狗，思想深刻，忧郁的眼神就像个哲人，可是有才华的人往往都有些丑。丑狗狗也没能脱俗，狗如其名，丑得可以。

丑狗狗

欢迎光临阿桂哥的奇思妙想异世界

疯了!桂宝　　-演出开始-

第三本开始!

史上最爆冷的漫画 CRAZYKWAIBOO

疯了!桂宝

3 冰爽卷

疯了！桂宝 -三大冷宠物-

北极熊！

帝企鹅！

疯桂宝！

史上三大冷宠物！

疯了!桂宝 -三人行-

这日,孔子正问礼于老子。

老子

孔子

忽然间,只听一人朗声说道:

带我一个!

哦!

孔子与老子见此人气宇轩昂,必是不同反响,忙问:

此人微微一笑曰:

您是哪位?

我是疯子!

疯了！桂宝　　　-臭贝便便-

疯了！桂寶　　　-豆论-

3 冰爽卷

蓝了!桂宝　－伊甸园－

伊甸园中，蛇正在诱惑亚当和夏娃偷吃禁果。

吃苹果吧!

嗯，亚当看着蛇，犹豫着问夏娃：

亲爱的，你说呢?

夏娃严肃地说：

你傻啊!

有肉不吃，吃什么苹果啊!

不是吧!

疯了!桂宝　　　-裸体题-

今天给大家出一道表演谜语。

我现在的形象打一个办公用品。

答案就是……

光盘!

这题表演起来很冷啊!

光着盘腿!

疯了!桂宝
007

疯了！桂宝　　－高难工作－

我找了一个新工作，这个工作难度非常高！

比幼儿园老师还需要耐心和爱心，比医院护士还需要不怕脏、不怕累的精神。

比联合国环保组织还要爱护生命与自然！甚至要比超人还有力量和责任感！

疯了，就是在宠物店给狗洗澡啦！拽什么拽啊！

燕雀安知鸿鹄之志哉！

CRAZYKWAIBOO 史上最爆冷的漫画

疯了!桂宝 -原因-

宝,你为什么来我们宠物店打工啊?这不像你做的事啊!

芹,难道你没看到我纯洁善良的一面吗?我们天才是很有爱心的,你这么说我很伤心。

是我不好,对不起啦!

阿桃店长

两位开工喽!

死肥疯,这才是真正的原因吧!

店长好!

好!

疯了!桂宝
009

疯了!桂寳　　-胖狗狗出场-

介绍一下，这位是我们店的宠物医生，胖狗大夫。

你好，我是胖狗狗，叫我胖胖就可以!

嗯……

有什么问题吗?

我也要给他洗澡吗?

不是吧!

疯了!桂宝 −泡面洗澡−

一天方便面和桂宝去泡澡。

火腿肠和调料包看到了说:

方便面你怎么不和我们泡,却和桂宝泡?

桂宝严肃地说:

两位这都没看出来吗?

怎么!

我们泡的是冷面啊!

疯了!桂宝 —黄瓜奇谈—

大家好,我是黄瓜。

骗人,你也不黄啊!

啊!

啪!

我不黄,但我很暴力!

疯了！桂寶　　-宝的最爱-

吃黄桃罐头我很有研究，第一，有些罐头不是真黄桃，真黄桃是嫩黄色，酸甜可口，而假黄桃是暗黄色，看上去很干，味道发苦。

第二，吃黄桃时，很多人以为是用勺，其实不对，黄桃大而且滑，勺不好用，最好是用筷子，吃时一扎，就夹出来啦！

藏了!桂寶　　-下载奇侠-

疯了!桂寶　　　-丑狗狗的丑-

我是丑!

但我丑得很特别!

也就是说……

我是特别的丑!

史上最爆冷的漫画　CRAZYKWAIBOO

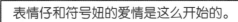

疯了！桂宝　　　-表情仔求爱记-

3 冰爽卷

表情仔和符号妞的爱情是这么开始的。

藏了！桂宝　　　-买猫奇谈2-

疯了!桂宝　　-好朋友-

疯了!桂宝

疯了！桂宝　　　-见面-

这天，恐龙和青蛙坐在一起。

两人都不说话……

隔了许久，恐龙终于憋不住了，说：

唉！

我就说嘛，网友还是别见面的好！

3 冰爽卷

疯了！桂賛 　-囧人来店-

给我剪个指甲吧！

这里只给宠物剪指甲！

我不会挠你的！

那也不能剪！

......

......

那能给我洗个澡吗？

疯了！

疯了!桂宝　　　-招聘-

我们招聘的工作是给猫狗做美容，真知道吗？

知道!

那你们认为你们真的能行吗？

能!

真的不再考虑考虑了吗？

别赚钱不要命啊!

是的，我们很有信心!

肉包子!

耗子!

3 冰爽卷

疯了！桂宝　—看桂宝·上—

唉，最近你老公脸色不错啊！

他呀，天天都看我的桂宝漫画书！

唉！又看我的啊？你的呢？

都让我老爸给看坏了。

我跟我媳妇说，你也去弄本日本的呀，唉，人家就认准桂宝了！

干我们这行的，天天在外面跑，风吹日晒的，看了桂宝啊，嘿，还真对得起咱这张脸！

A.GUI.WORKS

藏了！桂寶　　－同情－

阿芹，你真可怜！

我很同情你！

天天和我这么优秀的人在一起，你的压力一定很大。

大肥疯，我最烦的就是你！

发泄出来吧，发泄出来会好点。

3 冰爽卷

疯了!桂宝 　　-我是宠物-

……

您怎么又来啦?这儿不能给您洗澡和剪指甲。

那给我美个容,行吗?

那是宠物美容!

我就是宠物!

您哪点像宠物?

这是我的身份证!

您爸妈和您有仇吗?

姓名	**王 宠 物**
性别 男 民族 汉	
出生 1999年 9月 9日	
住址 北京市京八胡同	
公民身份号码 ××××××××××	

直了！桂寶　－桂总的秘书－

老王，以后小臭贝就是我的秘书了，不要叫它臭贝，要叫秘书。

是，桂总。

桂总！

什么事？

这个，能私下说吗？

大方点说，当着客户的面没什么好隐瞒的。

桂总，客气啦！

噢，桂总，您秘书刚才在会议桌上大便了。

哦！

疯了!桂宝　　　-合算-

阿芹，你说买车合算，还是打车合算?

哈，骑车的最合算。

妙啊，小伙儿有才啊!

芹说得不准确哦!

那应该怎么说?

骑别人的车最合算。

精啊!

能算计!

赢了！桂寶　　－痣相趣谈1－

耳垂上有痣的人，运气极佳，聪慧机智，生活富足安康。

唇正下方有痣的人，少年老成，做事踏实，处理事情非常果断。

鼻头有痣的人，财运佳，有异性缘，但需要注意理财与维护感情。

正所谓有痣不在年高，无痣空活百岁。

高人啊！

疯了!桂赞　　-情绪谜语-

小鸡去北极，打一个情绪用词。

答案：
鸡冻（激动）

小鸡去下蛋，还打一个情绪用词。

答案：
蛋腚（淡定）

3 冰爽卷

疯了！桂宝　　-恐怖片-

一天小动物们和桂宝一起看恐怖片，大家都吓哭了，只有桂宝看得津津有味。

你猜大家看的是什么片子？

《午夜凶铃》？　不对！

《画皮》？　不对！

那是什么啊？

答案是……

《满汉全席》

疯了!桂宝 -休息一会儿-

-健康帽-

这是什么帽子啊，你是修道士啊！

你懂什么，这是最新款健康帽。

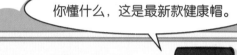

白天戴着不瞌睡，晚上戴着睡得香。

那我感冒时，可不可以把它吃了？

哦！

3 冰爽卷

通了!桂宝 -应急措施-

如果在暗恋的女孩旁不小心放了一个闷屁,要如何处理呢?我教给大家一个应急措施。

一个不小心

噗

不好,绝对不能让店长闻到!

啊,有飞碟!

是吗?!

快蹲!

噗

吸光!

空气清新了!危机解除了!

哈,可能看错了!

没有啊!

A.GUI.WORKS

疯了!桂宝 -表情仔求婚记-

史上最爆冷的漫画 CRAZYKWAIBOO

疯了!桂宝

051

疯

桂

宝

肉好人帅!

桂记漫肉铺

桂

记

精

品

CRAZYKWAIBOO 史上最爆冷的漫画

3 冰爽卷

疯了!桂宝 —家庭聚餐—

疯了!桂宝 —基因问题—

嘻嘻,昨天看了我爸妈,知道我基因不错吧!

嗯,凭我的专业知识,你不仅是基因不错,而且绝对是……

昨天非常认真地研究了一夜!

是什么啊?

嗯!

基因突变!

哦!

疯了!桂宝

疯了！桂宝　　-痣相趣谈2-

腋下中央有痣的人，理财能力非常好，生活态度认真，有很好的积蓄。

膝盖上有痣的人，适合晚婚，也具有非常强的理财能力，婚姻运好。

屁屁有痣的人，为人热情活泼，人缘好，财运好，有超强的艺术感觉！

为了大家，我不得不露一次屁屁了。

有才啊！

疯了!桂宝　　-上班奇谈-

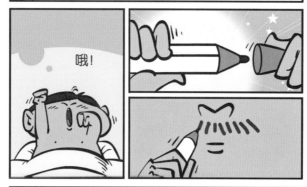

3 冰爽卷

疯了！桂宝　　-好肤色-

有一天，奶油冰激凌遇到了巧克力冰激凌，非常嫉妒地问：

咦，你一定去海边度假了吧？

同样是冰激凌，你怎么就这么享受呢？肤色晒得这么漂亮！

巧克力冰激凌听了，非常认真地说：

对不起……

我是大便！

啊！

疯了!桂赞　　-心理测试·上-

如果世界末日来临，你只能救
一种动物，你会救以下哪一种?

A. 兔!

B. 鹿!

C. 羊!

D. 马!

3 冰爽卷

疯了！桂宝 -心理测试·下-

生活中你会被哪一类人吸引呢，我们来看看测试结果。

兔，外表像冰而内心火热的人最吸引你。

客串：桂宝

鹿，优雅及有礼貌的人最吸引你。

客串：可爱叮

羊，顺从而温暖的人最吸引你。

客串：阿芹

马，不受约束向往自由的人最吸引你。

客串：胖狗狗

疯了!桂宝 -可爱叮的理想-

这是可爱叮，可爱听话又漂亮。

……

小叮你这么喜欢地球仪，将来一定能成为一个出色的地理学家！

谢谢老师！

这就是可爱叮……

哼哼，总有一天，我会统治地球的！

疯了!桂賓 -可爱叮过生日-

疯了!桂贊　　-宝的理想-

3 冰爽卷

疯了！桂宝　　-永红花-

老师最近老批评我这个好学生，唉，真是人无千日好，花无百日红啊！

噢！

你错了，有个花几十年了，还红呢！

很严肃！

什么花?！

刘德花（华）

华仔，你老霸道了！

哦！

疯了!桂宝 -小白和小的-

说有一晚，小白边揍小的边回家，被大白看到了。
小白！
小的！
救命啊！
噢！
小白，你太暴力，为什么揍小的！
大白！
呜！
小白无奈地说：
没办法，下班太晚，只能打的回家了。
打的！
哦！
大白想了想说：
我也刚下班，那就一起打的回家吧。
苍天啊！
好

疯了!桂寶 -金字塔奇谈-

③ 冰爽卷

宝第安纳·琼斯博士,这就是金字塔了!

不对,这里肯定不是你说的那个塔!

还金子塔呢,也没金子啊!骗人!

3 冰爽卷

疯了!桂宝 -天下第一拍-

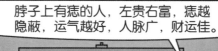

脖子上有痣的人，左贵右富，痣越
隐蔽，运气越好，人脉广，财运佳。

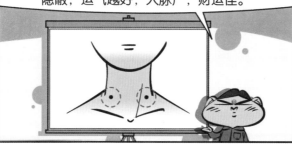

右手臂的外侧有痣的人，为财气痣，
其商业能力很强，能够创立事业。

手心有痣的人，非常聪明，命运好，
生活富足，晚年会有所成就。

我脖子左边就有
痣，而且很隐蔽！

你有脖子吗？

疯了！桂宝 –臭贝的困惑–

一团小臭肉，小臭肉，小臭肉。

我最烦你，最烦你，最烦你。

瞅你这烦人样，烦人样，烦人样。

我这其实是一种爱的表现！

唔！

虐待狂！

疯了!桂宝 -八戒的无奈-

疯了！桂宝　　－讲究－

疯了！桂宝

疯了!桂寶 -请客绝招-

疯了!桂宝 －天才的对错－

输不丢人，怕才丢人。这句话是错的。

电影《梅兰芳》里有一句！

输不丢人。

怕也不丢人！

什么都不做，那才最丢人！

努力吧，各位桂圆！

3 冰爽卷

疯了！桂赞　　　-蝇星来客1-

在深邃的宇宙中，苍鹰号飞船在孤独航行着。

轰轰轰！

报告总部，我已经登陆dq008星球，目前没有发现生命迹象！

啊！这是？！

……

这不是做梦吧！哈哈！

发达啦，哈哈！我们家几代都够用啦！

疯了!桂贊　　-蝇星来客2-

啊！有不明生物！

便便在剧烈震动！

飞起

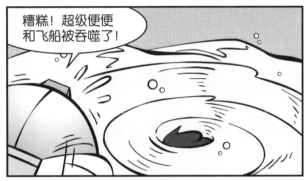

糟糕！超级便便和飞船被吞噬了！

报告总部，这个星球非常危险，存在着专门消灭便便的生物和武器，图像已经发送回总部了。

好可怕啊！

蝇星航天总部

疯了!桂宝

A.GUI.WORKS

3 冰爽卷

疯了!桂宝 —蝇星来客3—

报告总部,我的飞船和刚刚发现的超级便便都被危险生物消灭了,我回不去了,我准备引爆超级炸弹和所有的危险生物同归于尽。

阿蝇上校,我们会怀念你的!

嗯,看到了那么大的便便,我此生也没什么遗憾了。

蝇星万岁!便便万岁!给我老妈带好,我这就要启动炸弹啦!

啪!

哼哼,哪来的苍蝇了,嗡个老半天,非逼我天下第一拍出手!

桂宝终于保护了地球!

疯了!桂宝 　-蝇星来客4-

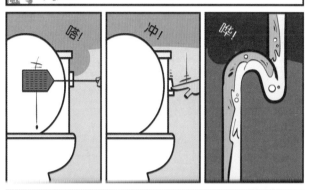
啥! 冲! 哗!

我这是在哪啊!

啊!这是!

下水道

这是在天堂吗?!

喂!

帅哥衣服挺酷啊,哪飞来的?

外星!

外星蝇与地球蝇的爱情就这样开始了……

疯了!桂賛　　－防辐射必读－

当今白领在工作中，每天都要面对着电脑，不可避免地会受到电脑辐射的侵害。

辐射!

长此以往，面部皮肤会出现发干、爆皮的现象。身体也会出现疲劳、记忆力下降等症状。

那么要怎样才能防护呢?

哼哼，遇到我，白领们就有福啦，请看我们研发的新产品。

噢?

桂宝牌白领时尚防护装。

office有鬼!

面具

丝袜

雨衣

疯了!桂宝

3 冰爽卷

疯了！桂贊 —害怕咚的思维—

这是害怕咚，他什么都害怕。

小咚，你觉得我发型帅不帅?

嗯！要是说不帅，怕会伤感情，要是说帅，怕显得不真诚；要是说快了，怕觉得我没认真看；要是说慢了，怕觉得我很不情愿看。我看就不快不慢的，夸他不好不坏，哎呀，也不行！这不符合逻辑啊，怕会觉得我在欺骗他……

说话啊，你怎么了?

……

什么毛病?

啊！我恨我自己!

疯了!桂赞 -害怕咚买狗记-

宝，我想买条狗，我要通过养狗克服自己没有安全感、爱害怕的毛病。

好啊，我支持你!

养狗其实很简单，也就是预防一下人畜共患的传染病、寄生虫病、皮肤病、皮毛过敏，家里注意点卫生，狗的排泄物会产生很多细菌，不及时处理，蒸发后会在室内的空气中游荡……

对了，你要什么品种的狗?

……

啊! 我恨我自己!

又疯了!

疯了！桂宝　　-痣相趣谈4-

背部中心有痣的人，其热情有活力，人际关系好，有贵人相助。

胸部中心有痣的人，所谓胸怀大志，其运气好，大方宽厚，恋爱运强。

脚跟有痣的人，为富贵痣，其管理能力强，做事认真，踏实肯干。

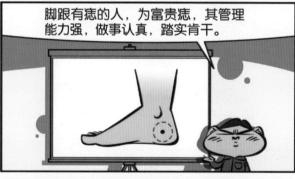

不瞒各位说，我脚跟就有痣啊！

是洗脚没洗好吧！

CRAZYKWAIBOO 史上最爆冷的漫画

3 冰爽卷

赢了!桂寶 —春妞后记—

春妞追我的事，店长知道吗?

放心吧，不知道!

你也没告诉店长一声儿?

放心吧，没告诉!

讨厌……

该不嘴严时，你嘴严!

哦?

疯了！桂宝　　-小猪的问题-

小猪问妈妈：

我们生命的意义是什么呢？

我们让人类花大把大把钱越吃越胖，然后再花大把大把钱去减肥，创造了很多就业岗位，促进了人类社会的经济繁荣。

妈妈，那我们怎样才能实现这生命的意义呢？

去死！

哦！

疯了！桂宝

095

疯了！桂宝　　-面膜奇谈-

疯了!桂寶　　-食人族-

完了，博士，食人族！

野蛮人，你们吃人会有报应的！

请淡定，您误会了。

我们食人族现在也都很文明了，很讲科学的。

啊

噢，我以为你们还吃人呢！

嗯，我们还是吃的！

只是不吃您这种高脂肪含量的垃圾食品，这个瘦的可以留下。

哦！

垃圾食品！

A.GUI.WORKS

疯了！桂赞　　-郎才女貌-

老公，我觉得我们巧克力冰激凌，虽然又香又可爱，但没有奶油冰激凌他们有气质！

你说我要是再美美容，带些果仁，加些奶油，我们俩是不是就更郎才女貌啦！

老婆，面对现实吧……

啊？

我们是大便！

天啊！

疯了!桂宝　　-一代宗师-

一只鸡上山,向教抽风的宝大师求教。

宝大师,跟您学抽风能不能改变我的属性?我不想再当家禽了。

能!只要苦练,你一定能改变!

前情请见第一季78集

这只鸡为了改变命运,苦练抽风,成绩突出。

好鸡啊!好鸡!

终于有一天,宝大师非常欣慰地对鸡说:

你已经学成了,从今以后你就不再是鸡了,而是变成了一个杰出的……

的什么?

抽风机!

抽风鸡!

疯了！桂宝 —丑狗狗的反思—

狗和人没什么不同，

都要吃喝拉撒！

狗的悲哀在于……

狗有时吃的，正是人拉的。

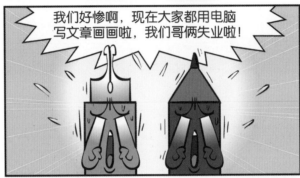

3 冰爽卷

疯了!桂宝 -看春晚-

阿玉，桂宝春节邀请我们去他家一起看春晚。

他都玩了我们两次了！

前情请见第一季137集

再相信他一次吧。

放心吧！

好吧！

第二季162集

我要和你分手！

春碗！

春

赢了!桂赞 -宝整容之整嘴-

你确定要整成和这个明星一样的嘴唇吗?

嗯,是啊,他是我的榜样,我特别喜欢他的嘴唇啦,太帅了!

哦里

喀嚓

好紧张哦!

刷 刷 刷

哈!我是唐老鸭啦!

要是下蛋了别找我!

疯了!桂宝

107

疯了!桂赞 —血型求爱·B型—

B型血人被突然示爱时的表现。

接受时…

有没有搞错!求爱也多买几朵啊!记住,做我男朋友,一定要浪漫加浪漫,算了,本小姐今天心情好。一会儿我们到哪儿吃饭啊?

拒绝时…

别废话!给我消失!

表情仔!

砰!

无情水火棒!

我特服B型血,真是生猛的种族啊!

B型血,性格直率坦白,小胡同里赶猪直来直去,非常豪爽。

疯了!桂宝

3 冰爽卷

疯了!桂宝 *-血型求爱·O型-*

O型血人被突然示爱时的表现。

接受时··

嗯,好吧,人家好害羞啊。

哼哼,诱惑了你这么长时间,终于上钩了,财貌双全的帅哥我怎能放过,哈哈。

拒绝时··

对不起,不能接受,88。

我敢来,躲你好几天了,今天就在这儿,等着给你来个痛快的呢,哼哼!

O型血很适合当军事家啊。

O型血,早有准备了,目的性与计划性非常明确。

疯了!桂贊 —血型求爱·AB型—

AB型血人被突然示爱时的表现。

接受时··

哦,我不买花,没零钱。

拒绝时··

今儿卖花的真多,对了,你和刚刚的帅哥是一个花店的吗?把他电话给我,我要追他。

很疯的血型啊,完全没有逻辑性啊!

AB型血,完全不知道她在想什么,只生活在自己认定的世界中。

疯了!桂宝

3 冰爽卷

疯了！桂宝　-水的故事-

水谈恋爱了，就变成很甜美的糖水。

你好美！

你好帅！

后来，他和恋人吵架了，就变成了汽水。

你不温柔！

你不体贴！

失恋以后，他就一个人看《桂宝》来排忧解闷，可是，你猜他又变成什么？！

天才都是孤独的！

没失恋过的人是可耻的！

答案是：他变成了冰水！

好冷哦！

疯了!桂宝　　　-停水危机-

小小帅哥清早起床，没穿衣服去洗澡！

哦，停水了！

再不走就来不及了！这是我第一次约店长，绝对不能迟到，但我这一头的肥皂怎么办？

我是天才，我要冷静，我会想出办法的。

……

有了！

疯了!桂宝

疯了!桂宝 -谈手相之生命线-

生命线不仅象征着生命力，同时能看出人的优势信息。

生命线

生命线末端环绕拇指一周的人，健康聪明，精力旺盛，要注意不能太强势，影响感情。

聪明!

生命线末端向下有分叉的人，运气好，晚年身体健康，财富和地位都会继续增加。

健康!

嘿嘿，我这就有健康的分叉噢。

疯了!桂宝

疯了!桂贊 -宝神算之贵妇-

宝神算

宝先生, 最近心情不好, 您给我算算!

宝神算

从面相看, 你是贵妇的命啊! 你一生养尊处优, 有人伺候。

宝神算

不过, 你没有自己的事业, 只能靠献媚于人, 过好生活, 一旦被人抛弃, 就一无所有。

呀! 太准了。

所以说, 女人还是要自强自立啊。

疯了!桂宝

CRAZYKWAIBOO 史上最爆冷的漫画

疯了！桂宝

119

3 冰爽卷

疯了!桂宝 —今人与古人—

我觉得古代人很环保,不污染环境。

你错了,古代人不是不想污染,而是没能力污染。

你看现在污染多厉害,现代人就是愿意污染环境。

你又错了,现代人不是想污染,而是没能力不污染。

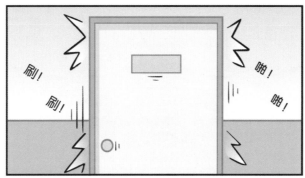

疯了!桂宝

疯了!桂宝 -准备工作-

3 冰爽卷

疯了!桂宝 —做米饭—

宝,你又把饭煮稀啦!你有点记忆好不好?

不是告诉过你吗,水高出米一个指节就可以!

我没忘啊,每次都把指头插进去试的。

我不信!

不信你看,上面还有米粒呢。

我信了!

疯了!桂宝 —宝造型之异域—

3 冰爽卷

宝大师,我晚上要参加个舞会。

OK,想要个什么造型?

要一个有异域情调的造型!

OK,跟我进化妆室。

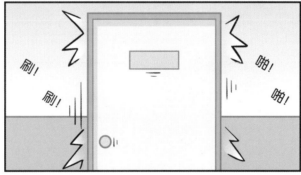

刷!

刷!

啪!

啪!

斑马妆!有异域情调吧!

哈,真酷!

非洲斑马驴!

3 冰爽卷

疯了!桂贊　　-全套疯话-

疯了！桂宝 -谈手相之智慧线-

智慧线不仅代表智能，同时也能反映出人的性格。

智慧线

智慧线末端的上部有一条平行线的人，多开朗乐观，积极主动，有双重性格。

乐观！

智慧线末端有一短竖线的人，多热情专注，会热衷于某一项事业活动。

专注！

嘻嘻，我就热衷于动漫噢。

疯了!桂宝　　-绝妙药水-

在宝斯坦博士的实验室里，传出了可怕的笑声。

哈哈哈哈……我终于研制出了让人变漂亮的药水。

哈!

哼哼，我终于变帅了!美女们，快来追我吧!

唉!唉!变!唉!

啊!博士有个问题!

嗯?

我感觉帅得还不够全面。

怎么说?我这样还不够帅吗?

您说是不是应该把身材也变一下?

噢!

疯了!桂宝 —宝造型之高贵—

宝大师,我今晚要美色独唱,给我造个型吧。

OK,要个什么感觉的?

我要个华丽的俊美造型!

OK,跟我进化妆室。

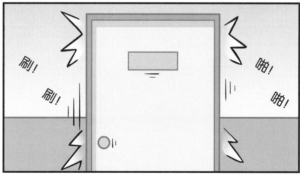

刷!

刷!

啪!

啪!

孔雀妆!够华丽高贵吧!

棒棒糖!

苍蝇拍!

哈,真美丽!

疯了!桂宝

3
冰爽卷

疯了！桂贊　　　-桂的心血-

哥的心血哦！

疯了！桂宝 -宝神算之安逸-

客官来了也不说话，必是要考考我的功力。

从面相看，你目前衣来伸手，饭来张口，特别的无忧无虑。

你虽然很安逸，但是我掐指一算，测出客官今夜必有一劫！那就是……

你晚上要尿床！

3 冰爽卷

疯了!桂寶　—变身超人—

疯了!桂宝 —宝妹的妹妹—

史上最爆冷的漫画 CRAZYKWAIBOO

疯了!桂宝

疯了！桂寶 -宝美发之酷头-

宝大师，我要理个发。

同志您又来啦，这次要个什么样的？

我这次要剪个特别酷的发型！

噢！

OK，包你满意！

剪！剪！剪！剪！

正宗裤头！够酷吧！

过瘾啊！

3 冰爽卷

疯了!桂宝 -请勿打扰·上-

疯了!桂贊 -请勿打扰·下-

讨厌,不许再用球逗我啦!

棍棍!

棍也不行!

飞盘,我是能忍住的!

嗖!

飞盘盘!

接着聊吧!

8 9 7

史上最爆冷的漫画 CRAZYKWAIBOO

疯了!桂宝

赢了!桂赞 -宝理发之可爱-

宝大师,我要理个发。

同志您还来啊,这次要个什么样的?

我这次要个人见人爱的发型!

噢!

OK,包你满意!

剪!

正宗兔子头!绝对可爱!

哈,突然很想吃萝卜啊!

讲究啊!

疯了!桂赞 -谈手相之事业线-

事业线又称命运线,和人们的事业运势息息相关。

事业线

命运线旁出平行小线的人,多聪明幸运,如平行线很清晰,则运势更强。

命运线的起点在太阳丘的人,多有才华,有艺术和表演方面的天赋,婚姻运很强。

我就是多才多艺,嘻嘻。

A.GUI.WORKS

疯了!桂宝 -美不美-

芹!我美不美? 美!

怎么美啊? 臭美!

……

小伙儿很幽默啊! 我这就主动沉默!

CRAZYKWAIBOO 史上最爆冷的漫画

冰爽卷
140

A.GUI.WORKS

疯了!桂宝 -师父的关心-

CRAZYKWAIBOO 史上最爆冷的漫画

疯了!桂宝　　-蜗牛的感慨-

疯了!桂宝

藏了！桂賛　　　　-不是精-

疯了！桂宝　　-鹦鹉趣谈-

一天，一个人去买宠物。

嗯，请问，这只鹦鹉多少钱？

汪汪

喵喵

噢！

为什么？

这个不卖。

喵喵

噢！

汪汪

不是吧！

它是来我们店兼职当翻译的。

汪汪

喵喵

噢！

突然，鹦鹉说话了！

客官请自重，帅哥我只卖艺不卖身！

疯了！桂宝

147

疯了!桂宝 -傻郭靖之真傻-

靖哥哥，我就是你的那个小兄弟啊。

啊，小兄弟，你原来是女孩啊！

蓉儿！

靖儿！

我真傻，一直都没看出来，还以为你是男人呢。

呵呵，我就喜欢你傻！

哈哈，我笨？傻丫头，你以为我没看出来啊，追的就是你，我是个爱情天才，哇哈哈哈哈……

靖哥哥你傻笑什么呢？

啊，没什么！

江糊险恶啊女同胞们！

3 冰爽卷

疯了!桂赞 -傻郭靖之前辈-

疯了!桂宝 —傻郭靖之翁婿—

黄老前辈,就把蓉儿许了吧!

就凭你这个傻样,我怎么能把女儿许配给你呢?

这老头嘴硬心软,早晚听蓉儿的,咱爷俩慢慢耗吧,来得及。

这小子就是傻了点。其实他还行,比欧阳克老实多了。

婚后,我要把桃花岛开发成旅游胜地,桃花药业公司也要正规化上市,哈哈哈哈……

最重要的是,他可以倒插门到我家,养老女婿也很合算啊!哈哈哈哈……

你们两个傻笑什么呢?

没什么!

我也没什么!

A.GUI.WORKS

疯了！桂宝 —武侠真谛·上—

唉，杨康弟失败的原因是什么？

就是没处理好恋爱和工作的关系，康弟又爱穆念慈，又想当金朝的王爷。两样都想要，最后什么都没得到！

我成功的原因是什么？

就是我只要一样，最后两样都得到了。我为了爱蓉儿，放弃了当元朝的附马，最后却成为了一代大侠！

人生啊，就在舍得之间！

疯了!桂宝 －可爱叮的画－

疯了!桂寶 -谈手相之感情线-

感情线，又称爱情线，也表现感情的复杂或单纯。

感情线

感情线清晰深长的人，多运势好，一帆风顺，爱情运好，能够成就一番事业。

感情线伸展到食指根部的人，多诚实守信，正直单纯，忠于爱情。

嘻嘻，我就是正直单纯，嘿嘿!

3 冰爽卷

蔫了！桂宝 －漫画家演化论－

漫画家长期坐着画画，得不到运动，会比较胖，屁股也会越来越肥。

漫画家白天睡觉，晚上工作，每天宅在屋里，晒不到阳光，皮肤会越来越白。

漫画家每天熬夜画稿，黑眼圈也会越来越大，所以……

大家要振奋起来！总有一天，我们漫画家都会成为国宝！

熊猫桂桂！

疯了!桂宝 -最大困难-

船长日记，宇宙历110年5月4日，我一个人驾驶着飞船，在茫茫的宇宙中航行。

一个人是非常孤独的，在茫茫宇宙中，经常遇到很多危险。凭借着勇气和智慧，我克服了一个又一个的困难。

可是今天，我遇到有史以来最大的困难，这事关我的荣誉与尊严，这个困难就是……

我忘带手纸啦，谁来给我送啊！

静寂的宇宙中传来了凄惨的叫声！

CRAZYKWAIBOO 史上最爆冷的漫画

九宫格秘法：
戴九履一，左三右七，
二四为肩，六八为足。

每行、每列、每个对角线的三个数字，
桂圆们加一下看看。

3 冰爽卷

疯了!桂宝　　-讲文明-

疯了！桂宝 –谈手相之婚姻线–

婚姻线代表婚恋运的信息，是大家比较关心的一条线。

婚姻线

婚姻线前端上升，并触到命运线的人，多会有非常显赫的伴侣，会因为婚姻加强运势。

婚姻线的中间，又出一条线的人，与伴侣分手后，多还能和好如初，破镜重圆。

我的婚姻线情况，接着保密。

疯了!桂宝 —不许上网—

妈妈，我真的很想上网啊!

绝对不行! 一上网，你就要完了!

妈你放心，我一定不会有网瘾的! 一定不会影响学习的!

那也不行!

可是，不上网怎么跟得上时代呢!

就是不行! 谁都可以，可我们绝对不能上网!

到底为什么不能上网啊?

3 冰爽卷

藏了！桂贊 －名师出高徒－

我们正好师徒四人，也都是人才，应该做点大事才对。

是啊！师父！

我看我们师徒四人就去西天取经吧！不比唐僧他们四个差！

哦！

老疯头！

有想法！

师父，西天太热，还是去冬（东）天吧，凉快！

惊！

噢！

疯笑派后继有人了，宝这回答太有才了！

师父夸奖了，徒儿还得努力！

我很欣慰！

好师弟！

师兄真有才！

一群疯子！

3 冰爽卷

藏了！桂贊　　　　－巧遇－

一天，唐僧师徒正在去往西天的路上走着。

忽然，看见迎面走来三人，一个个气宇非凡，绝非寻常之辈。

唐僧忙上前问道：

敢问三位施主去往何方？

我们要去东天取经！

疯了！桂宝　 -心仪的男生-

疯了!桂宝　　　-听笑话-

疯了!桂宝　　-胜利的原因-

各位观众!本届的减肥大赛的冠军是:

小肥猪先生!

减肥前照片

谢谢大家。

小猪同志,观众们都非常好奇,请问以您的资质,为什么能赢得比赛呢?

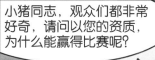

我胜利的原因很简单,那就是……

啊!是什么?

你们减肥是为了臭美,我减肥可是为了保命啊!

CRAZYKWAIBOO 史上最爆冷的漫画

疯了!桂宝 -丑狗狗的总结-

狗其实最不好混了，

用的都是傻力气，看门护院，外带讨好。

猫就会用巧劲、懒懒散散，倒过得挺滋润。

所以说，成功也是要看方法的。

史上最爆冷的漫画 CRAZYKWAIBOO

赢了! 桂赞 —放松·上—

下面教大家一个放松的方法！

第一步，将正方形纸十字内折。

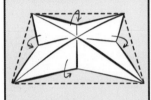

第二步，放平压紧。

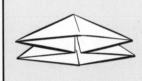

第三步，将上方两角上折，对齐顶角。

第四步，将左右两角向内折。对齐压紧。

第五步，将上方两角塞入下面的两口内。

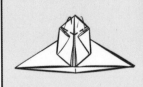

第六步，翻到背面。

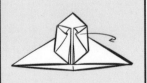

疯了!桂宝　　-放松·下-

第七步，将两边沿虚线内折对齐。

第八步，将下面两角向左右两边翻折。

第九步，沿虚线向上折并对齐。

第十步，压紧后，整理好吹气口。

吹气口

第十一步，对准小兔的嘴，吹口仙气。

第十二步，画上红眼睛，便大功告成!

OK!

然后把兔兔砸扁发泄一下，你就轻松了!

3 冰爽卷

疯了！桂宝 -魔术教学·上-

疯了!桂宝　　-魔术教学·下-

本魔术的教学开始,先选择较轻的一毛硬币。然后坐在朋友的右边,左撇子请坐在左边。

然后注意我的手法,在第二次敲下去时。

手经过脸颊时,自然地把硬币黏到脸上。

注:左撇子的方向相反

当手敲到桌子时,硬币就已经消失了。

此时,硬币已经贴在脸上了。

要点是,吃饭出汗时变最好,如果觉得会黏不住,可以在硬币上抹点菜里的油,增加黏度。

3 冰爽卷

疯了！桂寶　　-说错话-

阿芹和女友阿玉吵架了，又没睡好，第二天迷迷糊糊地吃饭时，宝问他：

阿芹，你一会儿去干吗？

别烦我，我一会儿吃完屎去拉饭。

阿芹本来想说：我吃完饭去拉屎。

哦！

哦，说错了！我一会儿拉完饭去吃屎！

还不对吧！

别管我，让我自生自灭吧！

哦，那你慢慢拉，我拉完澡去洗屎。

恋爱中男人是疯子！

疯了!桂赞　　-请多关照-

这是我的名片，请多关照。

......

这是扑克牌啦!

噢，对不起，你把电话留我手机上吧!

......

这是遥控器啦!你是哪跑出来的啊? 大哥!

藏了!桂宝　　-最新福利-

疯了！桂宝　　-梦中情人-

3 冰爽卷

你说在我们这种爆笑漫画里
怎么会有店长这样的美女啊?

是啊，很
少见呢！

唉，真是猜
不透桂哥啊！

桂哥！

你们不知道，其
实这是个秘密！

哥来啦！

15年前的秘密！

桂哥！

15年前，我的梦想：

嘻嘻，长大一定要娶
个大波浪发的美女！

小阿桂

北京

15年后，我面对现实：

哈，娶不到，
就画一个吧！

大阿桂

疯了!桂宝 　　-宠物美发-

疯了!桂宝 -分出来啦-

3 冰爽卷

这有两杯水，一杯没毒，一杯有毒，无色无味，三秒钟致命，谁能分出来，我就把女儿嫁给谁。

← 大富翁的独生女

我能!

蘸! 1秒! 2秒! 3秒!

红杯是水!

没死!

大家为二贝欢呼，忽然……

二贝真勇敢!

不急着夸我!

再蘸

1,2,3

哈，分出来啦，蓝杯有毒!

这就是2中之2的二贝!

A.GUI.WORKS

瘋了！桂寶 －再听笑话－

CRAZY KWAI BOO 史上最爆冷的漫画

疯了!桂宝 　-真不行-

这位高僧有何贵干?

贫僧自东土大唐而来,远去西天取经,途经此地,贵店可否借住一宿。

这个真不行。

为什么呢?

本店不准宠物入内。

来客店

疯了!桂宝

195

疯了！桂贊　　-屁后服务-

疯了!桂宝 -帅的选择-

3 冰爽卷

史上最爆冷的漫画 CRAZYKWAIBOO

疯了!桂宝

疯了！桂宝　　　－遗嘱－

我走啦，你们哥儿仨也别伤心，遗嘱我也想好啦。

老大　老二　老三

老大快生小孩了，我的存折留给你。老二快结婚了，我的房子留给你。

谢谢爸！　爸！

老三我最不放心，到现在也没个女朋友，爸爸把最宝贵的遗产留给你，帮你解决个人问题。

股票？　公司？　什么啊？爸！

我的QQ号留给你。

当年你们老妈就是我网友！

单身有罪啊？

疯了!桂宝　　　-成功-

从前有一个木水桶,他不愿意平凡下去,于是他拼命努力来改变自己。

终于,他成为了时尚的、洁白的高级马桶。

他开心地对妈妈说:

水桶妈!

妈妈,我成功啦!我不再是破烂水桶了,我是上等人啦!

妈妈微笑着说:

孩子,我是为你高兴,但成功不代表着要吃屎啊!

疯了!桂宝

199

疯了!桂宝 —有两把刷子—

3 冰爽卷

这哥们,真有两把刷子!

这小伙儿,真有两把刷子!

这后生,真有两把刷子啊!

至于这么夸他吗?我看看!

专业刷狗,五块一条。

两把!

刷子!

史上最爆冷的漫画 CRAZY KWAIBOO

疯了!桂宝

3 冰爽卷

疯了！桂宝　　－虫和蜘蛛－

蜘蛛抓住了一个小飞虫，飞虫悲哀地说：

唉，到今天才后悔没听我妈妈的两句话。

噢，哪两句？

第一句是，未成年千万不要上网。

有道理啊，那第二句呢？

第二句是，如果上网了，就千万不要和网友见面。

疯了!桂寶　　-方便电视-　　③ 冰爽卷

2018年的电视是这样的:

看会儿电视吧，你去烧点水。

好!

宝师父
方便电视机!
外出旅行，
必备产品!

冲!

泡!

嗷!

咦，怎么是黑白的?

噢! 我说呢，原因在这呢!

什么?

你忘加色彩调料包啦!

呀! 那再泡一遍吧。

疯了!桂宝 -猜猜我是谁-

猜猜我是谁?我有熊的屁股,猫一样地窝在家里。

我有熊的胃口,猫一样地昼伏夜出。

我还有经久不散、历久弥新的超级黑眼圈,不错,我就是人见人爱的……

漫画家!

桂哥咱换个发行型吗?

CRAZYKWAIBOO 史上最爆冷的漫画

疯了!桂宝 　—改变自我—

从前有一个人叫东绿否。
他非常讨厌自己的性格。

东绿否!

我要改变自己的人生。

于是他就完全按相反的方向来改变自己。

之前

否

东

是

之后!

最后他终于成为了和过去截然相反的人，你们猜他变成了什么？

他变成了西红柿（是）。

西红是绿东否

疯了!桂宝

205

3 冰爽卷

疯了!桂宝 -对不起-

一天，巧克力冰激凌公司在开会。

突然一阵风吹来，大家好像闻到了什么！

有人惊叫道：

啊！这有大便！

大便悲壮地说：

对不起，我是卧底！

疯了！桂赞　　－跑步机－

有些人也很努力地奔跑。

也不能说他们不勤奋、不刻苦！

但为什么跑了很久却仍在原地呢？

那是因为他们没有脚踏实地！

疯了！桂宝

207

疯了!桂宝　　-星座笑谈2-　　**3** 冰爽卷

唉，可怜那些苹果宝宝了，竟然都生虫了，肯定是没人好好照顾他们。

巨蟹同学具有母性光辉 6月22日至7月22日

哈哈，我把另一半也吃啦，吃苹果，竟然还能吃到肉，真是赚到啦！

狮子同学自信大方 7月23日至8月22日

我洗了手，然后刷了牙，接着去医院洗了胃，回来又把厕所刷了。对了，这个话筒我也帮你洗洗吧。

处女同学处处要求完美 8月23日至9月22日

处女座的朋友就是讲究啊。

疯了!桂宝

209

疯了!桂宝   -星座笑谈3-

剩下的一半苹果和虫子让我想起了古希腊的维纳斯雕像,都有一种残缺的美。

客串:狗狗

9月23日至10月23日 天秤同学崇尚公平与美感

命运啊,茫茫宇宙,人虫相遇,我早有预料,这次终于了却了一段孽缘。

客串:宝师父

10月24日至11月21日 天蝎同学有强烈的第六感

哈哈,不但补充了维生素C,还顺便补充了蛋白质,绝对的绿色营养食品!

客串:卯爸

11月22日至12月21日 射手同学开朗乐观

我们天秤座的兄弟就是有艺术气息啊!

我也是天秤座!

疯了!桂宝　-星座笑谈4-

嗯，吃了，吐了，又吃了。

客串：
宅小男

12月22日至1月19日
摩羯同学严谨呆板

我给小虫举行了隆重的葬礼！
生命再微小，也是有尊严的！

客串：
宝妈

1月19日至2月18日
水瓶同学喜好自由与博爱

唉，难道我就是传说中的白雪公主吗，
吃了坏苹果，怎么没有王子来追我啊？

客串：
春妞
大小姐

2月19日至3月20日
双鱼同学忧郁多情

采访完毕，很雷吧，大
家有空可以自己试试。

A.GUI.WORKS

3 冰爽卷

疯了!桂宝 －花絮之磨炼－

桂宝是个在磨砺中长大的孩子。第一季红版出来时，书掉页，我和贝贝还比较从容！

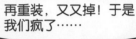

哈哈！ 作者阿桂　淡定！ 编辑贝贝

重装后，又掉！于是我们吐血了。

再重装，又又掉！于是我们疯了……

再再重装，又又又掉，于是我们出离愤怒了！

最后我们推出了全新第一季，终于不掉页了！

佛祖！　保佑！

不过，红版也成为了有历史意义的绝版，记载着一段让人崩溃的历史。最近竟然有网友特意留言说要买红版收藏，这就难了，我手里也只有一本红版，磨炼我意志的红版。

冰爽卷
212

CRAZYKWAIBOO 史上最爆冷的漫画

3
冰爽卷

疯了！桂宝 ─花絮之希望─

不容易啊，画到第三季了，今年五月份时，桂宝的博客点量也过亿了，是全世界第一个点击量以亿计算的动漫人，在这里要感谢全国广大桂圆的支持！你们的鼓励是我最宝贵的财富！

100,000,000

儿时梦想就是要当一名漫画家，而今我的漫画书已经在你的手里了，谢谢你看了我的漫画，真的感谢！

我小时候最喜爱的，就是周末窝在床上整天看漫画，我的理想就是在那时慢慢形成的，到现在我还保留着那些陪伴我成长的一本本漫画。

数风流人物，还看今朝！希望我们中国的这代动漫人茁壮地成长起来，强大我们祖国的动漫事业。哥会继续努力画第四季，继续努力地把漫画和动画做好，一起努力吧，中国少年！

疯了!桂寶 -花絮之秘密报道-

嘻嘻，阿桂哥秘密报道开始，这就是阿桂哥一周的食物，哈哈，他很能吃吧。

这是阿桂哥自己做的咖喱牛肉方便盖饭，还有桂圆们的精神食物《桂宝2》，哈！

嘻嘻，馋吧，这是阿桂哥喜欢的烤鸡翅噢，他越累吃得越多，唉，天才都是靠吃来减压的！

我最爱哥啦♡

胖狗最新T恤！

嘻，这是臭贝的新窝。好，报道就到这里，下本见噢！

疯了, 疯了, 桂宝! 开心之宝!

哈哈, 桂宝1, 2, 3, 4, 5, 6, 7季, 你拥有了吗? 没有就快去书店拥有吧!

哈 汪 好喂!

嘻嘻, 全国各大新华店都有噢, 当当网, 卓越网也都有啊! 快来拥有你自己的桂宝吧!